PRÉCIS

DU

SIEGE DE DANTZICK.

AVERTISSEMENT.

Plusieurs Officiers m'ayant demandé de prendre un extrait de mes rapports journaliers du siège, j'ai eu l'idée de revoir ce Précis, et d'y ajouter quelques observations.

PRÉCIS

DU

SIEGE DE DANTZICK,

FAIT

PAR L'ARMÉE FRANÇAISE

EN AVRIL ET MAI 1807;

RÉDIGÉ

PAR LE GÉNÉRAL DE BRIGADE KIRGENER, CHEF DE L'ÉTAT-MAJOR-GÉNÉRAL DU GÉNIE.

A PARIS,

DE L'IMPRIMERIE DE MIGNERET,
RUE DU SÉPULCRE, F. S. G., N.º 20.

1807.

NOMS
DES
GÉNÉRAUX EMPLOYÉS.

MM.

Le Maréchal LEFEVRE, commandant en chef les troupes françaises et alliées ;

Le G^{al}. de D^{on}. DROUET, chef de l'état-major-général.

GÉNÉRAUX DE LA LIGNE.

Français.
- Le général Savary, aide-de-camp de Sa Majesté, a assisté aux premières opérations du siège.
- Généraux
  - de Div^{on}.
    - Michaux.
    - Gardanne.
  - de B^{de}.
    - Schramme.
    - Ménard.
    - Puthod.
    - Vanderweidt.
    - Desenfant.
    - Dufour.
    - Jarry.

Étrangers.
- Généraux
  - de Div^{on}. Gietgud.
  - de B^{de}.
    - Glaffey.
    - Duprez.
    - Paulen.
    - Besser.
  } Saxons.
- S. A. le Grand-Duc de Bade.
- Généraux
  - de Div^{on}. Claussmann. } Badois.
  - de B^{de}.
    - Vincenti.
    - Dobschelwitz.
    - Kozinsky.
    - Solkonitzky.
  } Polonais.

TROUPES DE LIGNE.

INFANTERIE.

Français.
- Bataillons de la Garde de Paris.
- 2e. Régiment d'infanterie légère.
- 12e. . . . . . *idem.*
- 19e. Régiment de ligne.
- 44e. . . . . . *idem.*
- 72e. . . . . . *idem.*
- Légion du Nord.

Étrangers.
- Divisions de { Saxons. Badois. }
- Division . . Polonaise.

CAVALERIE.

Français.
- 19e. Régiment de chasseurs.
- 23e. . . . . . *idem.*

Étrangers.
- Chevau-légers } Saxons.
- Cuirassiers . .
- Hussards. . . Badois.
- Lanciers . . . Polonais.

GÉNÉRAUX ET OFFICIERS D'ÉTAT-MAJOR D'ARTILLERIE.

MM.

Le G^{al}. de Div^{on}. LARIBOISIÈRE, commandant l'artillerie de la Garde, commandant en chef.
Le G^{al}. de B^{de}. DANTHOUARD, aide-de-camp de S. A. R. le Vice-Roi d'Italie.
Le G^{al}. de B^{de}. LAMARTINIÈRE.

Chefs de B^{on}.
- Corda, chef d'état-major.
- Lehaut, directeur du parc.
- Sézille.
- Lasseront.

Capitaines..
- Lavillette, aide-de-camp du G^{al}. Lariboisière.
- Cailly, *idem*.
- Aubert.
- Robert.
- Braquis.
- Castille.
- Riambourg.
- Adam.
- Henriot.
- Albiat.
- Alpy.
- Alphand.
- Lebeau.
- Boisselier, de la Garde impériale.
- Marillac, *idem*.
- Lallemand, *idem*.
- Fourcy, *idem*.
- Schuler, *idem*.
- Bonafosse.
- Lassolaye, Badois.
- Hurty, Polonais.
- Sneider, Saxon.

TROUPES D'ARTILLERIE.

Français...
- 12e. compagnie d'ouvriers d'artillerie.
- 1re. comp^{ie}. du 5e. Régt. d'art^{rie}. à pied.
- 8e. et 14e comp^{ies}. du 6e. Régt. à pied.
- 6e. et 16e. comp^{ies}. du 7e. Régt. *idem*.
- 5e. comp^{ie}. du 5e. Régt. d'art^{rie}. à cheval.

Étrangers... Canonniers
- Saxons.
- Badois.
- Polonais.

GÉNÉRAUX ET OFFICIERS D'ÉTAT-MAJOR DU GÉNIE.

MM.

Le G^{al}. de Div^{on}. CHASSELOUP, commandant en chef le génie.

Le G^{al}. BERTRAND, aide-de-camp de S. M. I. et R., est venu souvent visiter les travaux du siège ; il a assisté particulièrement aux dernières opérations.

Le G^{al}. de B^{de}. KIRGENER, directeur des attaques, a commandé en chef jusqu'au 19 avril.

Le Colonel LA COSTE, aide-de-camp de S. M., commandant de la grande attaque.

Le Major GUILLAUMIN, chargé du parc et des approvisionnemens.

Chefs de B^{on}.
- Sabatier, } majors de tranchée.
- Rogniat, }
- Boissonnet, de la Garde imp^{ale}., chargé des travaux de la rive gauche de la basse Vistule.
- Lesecq, chargé des travaux de l'île.

Capitaines.
- Blanc, chef de B^{de}., commandant de l'attaque principale jusqu'au 19 avril.
- Delaage, aide-de-camp du G^{al}. Chasseloup.
- Paporet, ——..... du G^{al}. Bertrand.
- Fauvi, . ——..... du G^{al}. Kirgener.
- Lebrun.
- Héré.
- Berlier.
- Girod.
- Beaulieu.
- Collet, commandant de la fausse attaque.
- Migneron, attaché à la Div^{on}. des grenadiers.
- Tardivi.
- Guiraud, de la Garde impériale.
- Paulin.

Lieutenans.
- Delavigne, aide-de-camp du G^{al}. Kirgener.
- Tholozé.
- Merlis.
- Lanternier.
- Delincourt.
- Vauvillier.
- Barthelemy.
- Breune.

TROUPES DU GÉNIE.

3e. et 8e. compagnies de mineurs.

1re. compagnie du 2e. bataillon de sapeurs.

1re., 3e., 4e., 5e., 6e. et 8e compagnies du 4e. bataillon.

6e. et 9e. compagnies du 5e. bataillon.

PRÉCIS

DU

SIEGE DE DANTZICK.

On a ouvert la tranchée devant le Hagelsberg, dans la nuit du 1er. au 2 avril. La première parallèle s'est trouvée à environ 300 toises des palissades.

La nuit du 2, on a attaqué et pris une redoute avancée de l'ennemi, sur la rive gauche de la Vistule, en avant de la porte d'Oliva, et l'on a commencé deux zigzags à la droite de la parallèle.

Le 3, l'ennemi a repris la redoute

qu'on lui avait enlevée la veille. Différentes circonstances ont empêché de l'attaquer de nouveau : l'assiégé a pu achever de la palissader.

Les jours suivans, on a prolongé la première parallèle sur la gauche, pour embrasser plus d'étendue, et couronner plusieurs hauteurs propres à des batteries. L'on a aussi continué les cheminemens vers la seconde parallèle.

On s'est encore occupé de construire des redoutes et d'autres ouvrages de contrevallation, que la faiblesse de l'armée assiégeante nécessitait.

Le 9, on a ouvert la tranchée devant le Bischofberg; et la première parallèle a été dirigée de manière à serrer la place par sa gauche, à la distance de seconde parallèle. Son objet principal n'était que de soutenir les batteries d'enfilade et de revers que l'on se proposait d'établir contre le Hagelsberg.

La nuit du 10, les dispositions ont été faites pour attaquer et démolir un ouvrage de contre-approche que l'ennemi formait vers notre gauche *. A dix heures, on a franchi le ravin qui nous séparait de l'ouvrage; une compagnie de grenadiers s'est élancée sur la garde qui a été surprise. A une heure du matin, l'ennemi qui était revenu dans son ouvrage, en a été chassé une seconde fois.

La nuit du 11, on a commencé la deuxième parallèle.

L'ennemi s'est rétabli dans la con-

---

* Quand on ne désigne point où se sont faits les travaux, il faut toujours entendre que c'est à l'attaque principale, c'est-à-dire, vis-à-vis le Hagelsberg.

tre-approche, dont nos tranchées étaient encore trop éloignées pour que l'on pût s'y maintenir.

La nuit du 12, on a attaqué de nouveau la contre-approche, et l'on s'y est logé en prolongeant la gauche de la seconde parallèle. Le chef de bataillon du génie Rogniat a dirigé ces différentes attaques sous les ordres du général Puthod.

Le 13, à huit heures du matin, l'ennemi a attaqué la seconde parallèle et renversé les gardes; le combat a été des plus vifs. M. le maréchal Lefevre lui-même est accouru à la tête d'un bataillon du 44e., et s'est élancé le premier, l'épée à la main, sur les troupes de la sortie, qui ont été culbutées. Il était accompagné du général de division Michaux, et des généraux de brigade Puthod et Dufour.

La nuit du 14, on a détruit un second ouvrage de contre-approche qui existait encore sur le centre de la seconde parallèle. Cette opération a été exécutée avec intelligence par le sergent de sapeurs Thomas.

Le 15, on a fait différens ouvrages à la gauche de la seconde parallèle, pour la soutenir et s'y parer des feux de flancs que l'assiégé avait encore pu conserver.

Dans l'île * formée au-dessous de la ville par la Vistule et par un canal qui va de l'embouchure de la Motlau au fort du Weichselmünde, on est parvenu à occuper la tête du canal en aval par deux bons ouvrages, au moyen desquels toute communication entre la ville et la mer a été coupée.

---

* Cette île est ce qu'on appelle le Holm.

Le chef de bataillon du génie Sabatier a dirigé ces travaux avec un grand succès.

Le 16, on a continué le travail de la seconde parallèle, et poussé à la gauche de celle-ci quelques cheminemens vers la troisième.

Le même jour, l'assiégé a tenté une double sortie, de la place et du Weichselmunde, contre les ouvrages de l'île, entamés la nuit précédente. Le combat a duré toute la journée; le général Schramme a repoussé l'ennemi avec gloire.

Le chef de bataillon du génie Lesecq, et le capitaine de sapeurs Queru se sont distingués.

Le 17, on a couronné le plateau en avant de la droite de la parallèle. Une sape debout, dirigée sur les fronts bas de la ville, liait cette demi-place d'armes à la seconde parallèle *.

Vers les cinq heures du soir, un bâtiment armé a eu la témérité d'entrer dans la Vistule, et de venir s'embosser vis-à-vis de nos travaux ; le feu de l'artillerie légère et celui de la garde des redoutes que le chef de bataillon du génie Lesecq a porté avec audace sur le bord de la Vistule, ont forcé le bâtiment ennemi de se retirer.

On a fait alors une nouvelle redoute sur la rive gauche du fleuve, pour croiser ses feux avec ceux de la rive droite, sur la tête du canal. Le chef de bataillon du génie de la garde

---

* Cette demi-place d'armes était le véritable lien de la droite de la seconde parallèle ; mais la nécessité de soutenir le logement dans la contre-approche de l'ennemi, a déterminé à s'étendre vers la gauche, avant d'être plus avancé sur la droite.

impériale Boissonnet a dirigé ce travail avec sagacité.

La nuit du 18, l'ennemi a fait de son chemin couvert un feu très-vif sur la demi-place d'armes de droite, d'où il croyait qu'on déboucherait.

On l'a trompé en poussant, par la gauche de la seconde parallèle, trois zigzags vis-à-vis le bastion de droite du Hagelsberg.

Le 19, le mauvais temps a forcé d'interrompre le travail.

Le 20 a été employé à déblayer les tranchées que la neige avait comblées.

Le 21, on a préparé l'établissement de la troisième parallèle, par une seconde demi-place d'armes en avant de la droite de la seconde parallèle.

On a aussi couronné un mamelon en avant de la batterie du Stolzenberg. L'ennemi a beaucoup tiré : ce travail nous a mis à la distance de 80 toises environ du Bischofberg. Comme ce n'était que la fausse attaque, on s'est borné de ce côté à ces derniers travaux.

La nuit du 22, on a poussé à la gauche de la demi-place d'armes de droite, quatre zigzags pour s'avancer vers la troisième parallèle. Le feu violent de l'ennemi renversait les gabions à mesure qu'on les posait. La lune éclairait comme en plein midi.

Le 23, le feu de l'ennemi a bouleversé la tête de la sape ; plusieurs sapeurs qui la dirigeaient ont été tués ou blessés.

La nuit, l'assiégé a fait une petite sortie qui a dérangé les travailleurs.

Le 24, à une heure du matin, l'artillerie a commencé son feu d'obus et de mortiers : à trois heures, toutes les batteries ont joué. L'ennemi a riposté vivement ; mais l'on s'est bientôt apperçu du grand effet que produisait notre artillerie, qui avait été habilement dirigée par le général d'artillerie Laribossière.

La nuit, on a dérobé à l'ennemi 95 toises de développement de tranchée, qui ont fait gagner environ 20 toises vers la place. L'assiégé s'étant apperçu de ce travail vers les onze heures, a fait une vive fusillade qui n'a cessé qu'au jour.

La nuit du 25, par un travail extraordinaire, on s'est avancé par la demi-place d'armes de gauche, jusqu'à 35 toises des palissades. On a fait des amorces sur la troisième parallèle.

L'ennemi a fait une sortie qui a chassé nos travailleurs ; on les a cependant remis à l'ouvrage malgré le feu très-vif de mitraille et de mousqueterie.

Le sergent de sapeurs Thomas a été blessé grièvement en ralliant les travailleurs.

La nuit du 26, on a continué le travail de la troisième parallèle, et poussé huit boyaux de communication au cheminement de droite pour s'y rejoindre.

Vers les onze heures, l'ennemi est sorti avec 4 à 500 grenadiers, suivis d'un nombre assez considérable de travailleurs; les nôtres se sont retirés pour prendre leurs armes. Les compagnies Françaises, placées par le major de tranchée Rogniat, ont sauté, la baïonnette en avant, hors des tranchées, et ont culbuté de suite l'ennemi.

Les sapeurs se sont distingués.

Le sergent-major de sapeurs Vernon, de la 1.re compagnie du 2.e bataillon, a reçu trois coups de baïonnette, après avoir tué un officier Prussien qui le sommait de se rendre.

Le sergent Geoffroy, de la 4.e du 4.e bataillon, a été grièvement blessé.

Les Prussiens ont demandé une suspension d'armes de deux heures, pour enterrer leurs morts.

La nuit du 27, l'ennemi a fait une petite sortie qui a été sur-le-champ repoussée.

Le feu de l'assiégé qui paraissait s'être ralenti, a repris de l'activité, parce qu'il a mis en batterie sur le front d'attaque, tout ce qu'il avait de moyens.

La nuit du 28, tous les ouvriers, comme à l'ordinaire, étaient au travail, quand l'ennemi est sorti vers les onze heures, avec environ 2000 hommes ; ce qui s'est présenté à notre gauche a été de suite culbuté par les troupes Françaises conduites par le major de tranchée Rogniat ; la bravoure d'une compagnie de voltigeurs l'ayant entraîné jusque sur les palissades, l'ennemi a fait de son chemin couvert un feu extrêmement vif, et a lancé sa réserve qu'il avait cachée dans un ravin, au pied des glacis, en avant de la droite de notre troisième parallèle : un peu de désordre survenu parmi les travailleurs, a permis à l'ennemi de pénétrer dans la partie de nos tranchées imparfaite ; mais il a été bientôt ramené dans ses ouvrages par les bonnes dispositions de M. le général Ménard qui était de tranchée.

Le lieutenant du génie Breune, un

caporal et deux sapeurs ont été faits prisonniers.

Le 29, on a prolongé la troisième parallèle sur la droite et sur la gauche, et terminé les communications.

La nuit du 30, on a entamé la partie circulaire sur le saillant de la demi-lune du Hagelsberg; ce travail a été lentement. L'ennemi n'a cessé de faire un feu très-vif de mousqueterie, et d'éclairer le terrain par une grande quantité de pots-à-feu.

Le 1.er mai, on a continué la sape sur le saillant de la demi-lune; mais elle n'avançait qu'avec beaucoup de peine et de péril.

Le 2, la sape a éprouvé encore bien des contrariétés; le canon de l'ennemi renversait les gabions à mesure qu'on les posait.

La nuit, les deux têtes de sape de

la portion circulaire sur le saillant de la demi-lune, ont été rejointes ; et l'on a amorcé à l'extrémité gauche de la troisième parallèle, une portion de sape pour tenter de gagner l'angle saillant du chemin couvert, vis-à-vis le bastion de droite.

Le 3, l'ennemi a moins inquiété le travail de la sape qui a pu cheminer avec plus de succès, tant vers le bastion d'attaque que sur le saillant de la demi-lune, où l'on avait ouvert une sape debout.

Le capitaine de sapeurs Boisaubert, de la 9.e compagnie du 5.e bataillon, a été tué : c'était un brave officier très-expérimenté.

Le 4, au jour, l'ennemi s'étant apperçu de l'avancement des travaux de la nuit, a fait un feu très-vif d'artillerie, qui a encore une fois arrêté la marche de la sape.

La nuit a été employée à réparer les dégâts de la journée.

Le 5, on a prolongé la sape dirigée sur le saillant du bastion et celle de la demi-lune.

Le 6, à différentes reprises on a cherché à continuer les sapes que les batteries ennemies avaient encore forcé d'interrompre *.

La nuit, on s'est approché jusqu'à

---

* Malgré l'adresse de notre artillerie, et la supériorité qu'elle avait dans les salves réciproques sur celle de l'assiégé, celle-ci conservait néanmoins une très-grande vigueur, parce qu'il n'avait pas été possible de ricocher les lignes de la fortification; que nous étions obligés de ménager les munitions, et que l'ennemi, ayant des ressources immenses, pouvait remettre toutes les nuits de nouvelles pièces en batterie, quand on croyait avoir éteint son feu à la fin de la journée.

6 toises du saillant de la demi-lune ; l'ennemi a jeté beaucoup de pierres, de bombes et de pots-à-feu.

M. le maréchal Lefevre ayant jugé à-propos de faire enlever l'île comprise entre la Vistule et le canal, a fait attaquer, vers les deux heures du matin, sur la rive droite, en même temps que le général Drouet faisait attaquer sur la rive gauche, la petite redoute qui avait déja été prise et reprise dans le courant du siège ; l'ennemi a été surpris. Les deux opérations ont parfaitement réussi. L'adjudant commandant Aimé dirigeait l'attaque de l'île.

On a de suite construit des retranchemens, et retourné les ouvrages ennemis contre la place.

On a aussi fait un pont de radeaux sur le canal et sur la rivière.

Le capitaine Fauvi, aide-de-camp du général Kirgener, a été blessé à la petite redoute de la rive gauche.

Le mineur Jacquemart, de la 8e. compagnie, a coupé sous la mitraille le poteau qui attachait la corde du bac par lequel l'ennemi communiquait dans l'île ; il a long-temps essayé de limer la chaîne, quoiqu'on le fusillât à-bout-portant. Quelques hommes des troupes du génie ont été blessés.

La prise de l'île et de la petite redoute sur la rive gauche a donné les plus grands avantages ; on a surtout estimé ceux de pouvoir établir de nouvelles batteries de revers contre le front d'attaque, et de n'avoir plus besoin de traverses à chaque pas, pour couvrir nos tranchées de flanc et quelquefois même à-dos.

DE DANTZICK.

La nuit du 7, on a couronné de vive-force le chemin couvert sur le saillant de la demi-lune du Hagelsberg; cette opération qui a toujours été regardée comme la plus périlleuse d'un siège, a pleinement réussi par la bonne contenance des troupes de ligne et de celles du génie, qui s'y sont portées avec la plus grande valeur; par les bonnes dispositions des généraux et du chef de bataillon du génie Rogniat major de tranchée; par les soins et la valeur du colonel Lacoste, aide-de-camp de Sa Majesté, et commandant d'attaque, et du capitaine Blanc, chef de la brigade du génie *.

---

* On aurait dû cheminer en même temps de la droite de la troisième parallèle, et couronner tout le chemin couvert des fronts d'attaque; mais on avait trop peu de troupes pour entreprendre tant d'ouvrages à-la-fois. La bizarrerie du terrain offrait d'ailleurs de grands obstacles.

M.rs Beaulieu et Barthelemy, officiers du génie, ont été blessés grièvement.

On a découvert un puits de mine au saillant de la demi-lune; le sergent de sapeurs Choppot y est descendu seul, et a fait prisonniers les douze mineurs Prussiens qui travaillaient aux galeries.

Le 8, on a continué le travail du couronnement du chemin couvert; l'on a aussi atteint par l'autre sape le saillant du bastion d'attaque.

Le 9, M. le maréchal Lefevre ayant prévenu les généraux du génie, qu'il comptait faire donner l'assaut au Hagelsberg le lendemain, on s'est occupé de tout ce qui pouvait concourir à cette opération, et l'on a préparé pour cela des débouchés dans le chemin couvert.

La nuit, on est entré dans le chemin couvert. Deux détachemens de sapeurs, soutenus par un piquet d'infanterie, ont poussé une reconnaissance sur les Blockhaus des places d'armes; ils ont bientôt été assaillis par un feu très-vif fait de ces Blockhaus, et les canonniers des remparts, avertis, ont lancé des pots-à-feu et de la mitraille.

Les sergens Gorius et Schwartz, qui commandaient les deux détachemens de sapeurs, ont été tous les deux blessés; le dernier a eu la cuisse coupée.

Le sergent de mineurs Voyer a sauté un des premiers dans le chemin couvert, et s'est assuré que l'ennemi n'avait point préparé de mines au saillant du bastion.

Le 10, la reconnaissance de la nuit sur les Blockhaus ayant prouvé que ces réduits de place d'armes étaient encore occupés, M. le Maréchal s'est déterminé à suspendre l'ordre donné pour l'assaut.

Le prolongement de la sape sur le chemin couvert de la face droite de la demi-lune, n'a pu avancer beaucoup, parce que l'ennemi non-seulement culbutait à coups de canon les gabions de la sape, mais qu'il détruisait même avec ses bombes et ses obus, le travail fait précédemment.

Le capitaine du génie Collet a été blessé légèrement.

Le 11, il n'a pas été possible de travailler au prolongement de la sape du centre, l'ennemi y jetait tant de bombes et de grenades, que six toises au moins de la tête ont été comblées ; mais le couronnement du bastion d'attaque s'est mené avec quelque succès*.

Le 12, on a amorcé les descentes dans le chemin couvert, et les sapes du couronnement se sont rejointes.

Le sergent Choppot a été blessé à la tête d'une de ces sapes.

Le 13, pendant toute la journée, l'ennemi a fait un feu très-vif de mousqueterie, de bombes et de grenades, qui a empêché la continuation de la sape.

A cinq heures, le capitaine du génie Paporet, aide-de-camp du général Bertrand, a été tué. Cet officier, de la plus grande distinction, a été généralement regretté dans l'armée, et particulièrement de ses camarades.

La nuit, on a débouché sur le sail-

---

* La configuration du terrain n'a pas permis de s'étendre davantage à la droite et à la gauche des sapes qui cheminaient entre le bastion de droite et le saillant de la demi-lune.

lant de la place-d'armes rentrante ; la sape a été poussée jusqu'à trois pieds des palissades.

Le 14, on a continué la sape qui devait déboucher dans le chemin couvert de la face du demi-bastion de droite; l'on a aussi poussé un boyau suivant le contour de la hauteur, afin d'y placer du monde pour soutenir l'unique pièce que l'on eût pu établir vis-à-vis du flanc qui défendait le passage du fossé.

Le terrain était tout à l'avantage de l'assiégé ; aussi l'artillerie française n'est-elle parvenue que par une constance et des efforts inouis, à placer un obusier dans ce logement rétréci et plongé par le bastion.

Le 15, on a commencé une mine contre le Blockhaus de la place-d'armes rentrante de droite.

La nuit, on a ouvert plusieurs entrées dans le chemin couvert de la demi-lune et du bastion de droite.

Le 16, à la fin du jour, on a fait jouer la mine; elle était chargée de 400 livres de poudre. Le Blockhaus a été très-endommagé; mais l'effet n'a point été aussi complet qu'on le desirait. On a couronné de suite l'entonnoir.

Le capitaine du génie Migneron, attaché à la division des grenadiers, y a été tué. Le général Oudinot a voulu assister à ses obsèques avec tout son état-major : c'est un bien bel éloge *.

---

* Sept à huit mille Russes qui avaient débarqué au Neupharwasser, ont tenté de secourir la place par la rive droite, en même temps qu'un corps de Prussiens s'avançait par la pointe de Pillau. Les grenadiers d'Oudinot avaient été envoyés par Sa

On a rattaché le mineur au fond de l'entonnoir, pour arriver jusqu'au pied du Blockhaus, dans le dessein de le brûler.

Le 17, on a continué le travail entrepris à l'entonnoir de la mine.

Le lieutenant du génie Tholozé y a été tué. Ce jeune homme, dont le père et le frère aîné étaient morts au service de l'État, était digne de son honorable famille.

L'ennemi a fait à 7 heures du soir une petite sortie de ses fossés sur le couronnement de l'entonnoir, et sur

---

Majesté l'Empereur NAPOLÉON, pour déjouer les manœuvres de l'ennemi.

Les bonnes dispositions des maréchaux Lefevre et Lannes, l'héroïsme d'Oudinot et la valeur de ses troupes ont triomphé.

Le général Schramme a concouru à ces brillans succès avec les troupes du siège sous son commandement.

l'obusier placé à l'angle saillant du bastion ; il l'a encloué. La troupe qui avait à peine relevé la tranchée, s'y trouvait pour la première fois, et n'y était pas encore habituée ; mais elle s'est bientôt ralliée et a repoussé vigoureusement la sortie.

Le sapeur Revinglionne, de la 3e. division du 4e., a tué deux des Prussiens qui enclouaient l'obusier, et a forcé les trois autres à se retirer.

Le 18, on est arrivé au pied du Blockhaus que l'ennemi occupait encore, et d'où il fusillait à bout-touchant : on y a mis le feu avec des fascines goudronnées.

L'on a fait en même temps un débouché blindé pour entrer dans le chemin couvert, qui n'ayant point de traverses, n'offrait aucun moyen de se défiler.

La nuit, le caporal Gaucia, trois sapeurs et six hommes d'infanterie, se sont jetés dans le fossé de la demi-lune, pour faire un passage à travers les piquets et la fraise qui le défendait : cette opération a été exécutée malgré les décharges continuelles de mitraille. On a aussi jeté une bombe dans le puits de l'ancienne mine ennemie pour la bouleverser.

Le 19, nos mineurs sont de nouveau entrés en galerie, vers le milieu de la face du bastion attaqué, pour essayer d'adoucir le talus du fossé qui s'est trouvé, quoiqu'en terre, très-roide, à une profondeur de plus de 27 pieds.

On a aussi commencé une descente dans le fossé du même bastion de droite *, et l'on a tenté de brûler par

---

* On aurait dû commencer la descente de fossé

des fascines et des tonneaux de poudre, les palissades de la face de ce bastion, ainsi que celles de la demi-lune ; mais l'on n'a point obtenu tout l'effet qu'on espérait.

Vers les cinq heures de l'après-midi, une corvette anglaise, de vingt-quatre pièces de canon, chargée de poudre et de boulets, qui faisait un dernier

---

de plus loin. On n'avait pu avoir aucune donnée sur la profondeur du fossé, et l'on avait espéré plusieurs fois pouvoir donner l'assaut, sans être obligé de passer par tous ces détails d'une attaque en règle ; mais outre que l'on ne pouvait pas suffisamment prodiguer les feux d'artillerie pour détruire les obstacles des fossés, il est vrai de dire que les palissades avaient de si fortes dimensions, qu'à moins de pouvoir les battre en brèche, il était difficile de compter sur les effets d'artillerie pour obtenir des trouées suffisantes ; aussi a-t-on pris le parti de déchausser les palissades ; car il eût été impraticable de les couper.

effort pour ravitailler Dantzick en munitions de guerre, a été forcée d'amener, par le feu de l'infanterie qui était accourue sur les bords du fleuve.

Le 20, on a fait le passage du fossé, et un logement sur le bord de la contrescarpe pour protéger ce passage; alors on a pu arracher soixante palissades, qui ont donné une ouverture d'environ 90 à 100 pieds. L'ennemi a beaucoup inquiété ce travail; il y dirigeait tout son feu.

Vers les quatre heures, l'ennemi a réussi à mettre le feu à l'épaulement de la descente et du passage du fossé; trois pièces placées dans le flanc du demi-bastion de gauche tiraient continuellement sur ce feu; on est parvenu cependant à l'éteindre.

L'assiégé a fait une nouvelle sortie

avec beaucoup de résolution ; les gardes ont d'abord été un peu étonnées, et se sont bientôt réunies avec les mineurs et sapeurs contre l'ennemi ; mais celui-ci s'est soutenu assez de temps dans nos logemens de contrescarpe, pour que ses travailleurs aient pu détruire une partie de l'ouvrage de vingt-quatre heures.

La plupart des mineurs et sapeurs ont défendu avec les canonniers, l'obusier de l'extrémité du logement sur le glacis.

Le sapeur Alanor s'est battu vigoureusement pour empêcher les Prussiens de déboucher et d'enclouer la pièce ; forcé par le nombre à se retirer, il a renversé à coups de baïonnette deux hommes qui voulaient le faire prisonnier.

Une trentaine d'hommes du 12e.

régiment d'infanterie légère, ayant à leur tête un brave officier de voltigeurs, M. Bureau, et le lieutenant du génie Merlis, se sont élancés par dessus les parapets, ont chassé l'ennemi et fait prisonnier le petit nombre qui restait.

Le capitaine Porcher, de la 1re. du 2e. bataillon de sapeurs, et le lieutenant Brulé de la 8e. du 4e. bataillon, ont été tués dans cette affaire. Ces braves officiers furent les dernières victimes de cette lutte sanglante.

La nuit, on a réparé les dégâts faits par l'ennemi dans nos logemens, descentes et passage de fossés.

Le 21, continuation des mêmes travaux, et préparatifs pour l'assaut.

Un moment avant l'heure fixée, François Vallé, soldat du 12e. d'infanterie légère, qui avait déja arraché des palissades dans le fossé, s'est offert pour aller détacher trois grosses pièces de bois retenues par des cordes sur le talus extérieur de l'escarpe, et qui pouvaient renverser les colonnes d'attaque; il a exécuté ce coup d'audace, et a reçu une balle au moment où il revenait.

L'assaut qu'on devait donner au Hagelsberg n'ayant pas eu lieu, d'après les conférences ouvertes, on a continué pendant la nuit les travaux du fossé, jusqu'à trois heures du matin, où l'ordre de cesser le travail est arrivé.

Le 22, rien de nouveau.

Le 23, *idem.*

Le 24, les conditions de la capitulation qui devait recevoir son exécution, si à l'époque du 26 à midi, la garnison n'avait pas été secourue, ont été signées par S. Exc. le général de cavalerie comte de Kalkreuth, gouverneur de Dantzick, et M. le général de division Drouet, chef de l'état-major de M. le maréchal Lefevre.

Le 25, rien de nouveau.

Le 26, à midi, le Hagelsberg, les portes d'Oliva, de Jacob et de Neugarden, ont été cédées aux troupes de Sa Majesté l'Empereur des Français.

Le 27, la garnison est sortie à neuf heures du matin, avec les honneurs de la guerre, pour être conduite aux avant-postes de l'armée prussienne, en passant par le Nehrung. Elle s'est engagée à ne pas servir contre la France et ses alliés pendant un an et un jour.

Les troupes de Sa Majesté l'Empereur des Français et celles de ses alliés sont entrées en même temps dans la place.

Le 28, les ennemis ont évacué en grande hâte le camp du Neupharwasser et le fort de Weichselmunde, qui avaient été sommés après notre entrée dans la place.

M. Lafosse, colonel du 44e., et M. Oudot, chef de bataillon du 12e., ont été grièvement blessés dans les dernières sorties.

On aurait voulu citer dans ce Précis tous les traits de bravoure qui ont illustré les différentes armes; mais outre que l'on n'avait point de renseignemens suffisans, on a dû se borner ici à ce qui est plus particulièrement relatif aux troupes du génie.

Cependant on ne peut négliger de parler du capitaine de la légion du

Nord, Tardivelle, qui s'est établi, dès le commencement du siège, avec sa compagnie, dans une maison sur le bord de la Vistule, au bas du ruisseau de Schellmuhle, et qui a constamment tenu dans ce poste, sous la mitraille de cinq pièces de canon, placées dans l'île à 50 toises de lui.

Cette action a paru si éclatante à toute l'armée, que l'on ne désignait plus ce poste que par le nom de *Maison-Tardivelle*. L'ennemi s'est lassé de tirer infructueusement contre cette maison, et nos autres établissemens sur la rive gauche de la Vistule, ont été moins contrariés. Ce brave Officier a eu le bras droit cassé d'un coup de feu dans une des dernières affaires de l'île.

L'Empereur NAPOLÉON a fait son

entrée dans la place de Dantzick le 3 juin. Sa Majesté a daigné témoigner sa satisfaction en visitant les travaux.

OBSERVATIONS

GÉNÉRALES.

Ce siège mémorable a donné lieu à bien des discussions, et la critique, hors de tous les embarras du moment, s'exercera sans doute encore. On peut répondre que beaucoup de ceux qui en raisonneront, pourront se tromper, faute de connaître suffisamment toutes les circonstances locales.

Les principales difficultés de ce grand siège ont été,

1°. Que M. le maréchal Lefevre avait d'abord une armée inférieure à celle de M. de Kalkreuth, et que cette armée était composée, en grande partie, de troupes neuves, toutes celles destinées au siège n'ayant pas eu le temps de rejoindre encore.

2°. Que l'artillerie avait une peine infinie à faire arriver ses convois par la difficulté des chemins et de la mauvaise saison; ce qui a retardé l'établissement des batteries, et forcé de ménager les munitions jusqu'à la fin.

3°. Que la place obligeant à une très-grande circonvallation, qui n'a pu être même entièrement fermée qu'après l'arrivée des renforts; les quartiers étaient extrêmement faibles, et ne pouvaient fournir que très-peu de travailleurs à-la-fois, et encore trop peu de gardes pour les tranchées.

4°. Enfin, que l'on n'avait aucun

bon plan de la place, aucune idée de la profondeur des fossés, et que les accidens du terrain en avant de la fortification se multipliant à l'infini, on ne pouvait les reconnaître qu'à mesure de l'avancement des travaux.

Ces circonstances, la nécessité de concentrer la majeure partie des troupes à portée du camp de Neupharwasser par où les secours de la mer pouvaient déboucher, et enfin l'avantage que l'assiégé avait pu conserver de rester maître d'une partie de ses faubourgs, ont déterminé à conduire la principale attaque sur le Hagelsberg.

Je pensais et je pense encore que le véritable point d'attaque était la longue branche de lignes de la plaine qui se rattache au bastion de droite du Hagelsberg; c'était-là le défaut de la cuirasse : mais il fallait reprendre la petite redoute qui conduisait immédiatement à l'attaque de l'île.

Cette opération de l'île avait été résolue; et le général d'artillerie Lariboisière avait déja fait arriver les bateaux à cet effet.

Alors on aurait cheminé en toute sécurité au pied des hauteurs; on ricochait, on prenait de revers toutes les lignes flanquantes, et même, en supposant l'attaque en règle, la descente de fossé se faisait pour ainsi dire de plain-pied ; mais la petite redoute n'ayant pu être reprise, il n'y avait plus d'autre moyen que de continuer au Hagelsberg.

Cependant, si de prime-abord on avait pu s'établir au Stolzenberg et dans le ravin au pied du Bischofberg, ce qui aurait dû être si l'on avait eu plus de troupes en arrivant, l'avantage de se trouver de suite au pied des glacis du Bischofberg, m'aurait peut-être fait pencher en faveur de ce point d'attaque, malgré la plus grande capacité de ce front sur l'autre, et la supériorité de son tracé. Il est vrai que ces derniers avantages en faveur de la fortification du Bischofberg, sont bien compensés par la plus grande profondeur des fossés du Hagelsberg, et aussi par la liaison de ce front avec celui de sa gauche. Ils forment ensemble une seule ligne droite, à laquelle on a réellement à faire, indépendamment que le Bischofberg et l'île y peuvent encore porter des feux, ce qui n'est pas réciproque.

La configuration du corps de place en arrière, ne peut entrer en aucune considération à mon sens ; car les ouvrages en terre étant tous liés entre eux, dès que l'on a passé la dernière palissade, on est libre de s'étendre par-tout, et par conséquent de commencer la nouvelle attaque où l'on veut.

Mais, je le répète, dans les circonstances où l'on s'est trouvé, on ne pouvait faire autre chose que ce que l'on a fait ; et s'il pouvait y avoir du pour et du contre pour le choix du point d'attaque, il n'était plus possible de varier pour l'assaut, au point où l'on en était.

Le Bischofberg ne pouvait plus être que la fausse attaque, et celle du Hagelsberg était la seule sur laquelle on dût compter, encore que la première eût pu réussir, parce qu'il y avait un point sur le revers du Stolzenberg qui offrait quelques facilités pour une surprise.

Il faut souvent distinguer les parties d'une fortification favorables à une surprise ou à une attaque de vive force, des points où l'on doit conduire les attaques régulières. C'est ainsi que par rapport à cette place, les points de surprise ou d'attaque de vive force, étaient les revers du Bischofberg et du Hagelsberg, ainsi que les bords de la rivière, tandis que les points d'attaque en règle, ne pouvaient se trouver que dans la plaine d'Oliva ou sur les plateaux.

Pour conclure, on peut dire que la fortification du Bischofberg, supposée en plaine, vaudrait mieux que celle du Hagelsberg; mais que tout change par les accidens du terrain. L'ennemi a tellement senti cette vérité, qu'il s'est constamment maintenu dans les vergers et les faubourgs en avant du Bischofberg, jusqu'au moment où l'attaque du Hagelsberg était trop avancée pour qu'on pût changer de système; et l'on a vu plus haut qu'il y avait des considérations majeures qui ont obligé à préférer le parti que l'on a pris.

A l'égard du camp retranché de Neupharwasser, la plupart ont été d'avis de l'attaquer d'abord, ce qui eût de suite fermé la communication avec la mer; mais les avis ont différé sur les moyens d'exécution : l'attaque de vive force ne m'a paru praticable qu'avec du canon. Je fondais mon opinion sur ce qu'il n'y avait point d'exemple que l'on eût forcé un aussi bon camp défendu par deux lignes d'ouvrages, dont les uns étaient pour les autres des réduits inattaquables, et qui se trouvaient d'ailleurs couverts par deux enceintes de palissades à grosses dimensions. Je croyais que n'ayant pas dans ce premier moment assez d'artillerie pour faire le siège de la place, on pouvait employer ce que l'on en avait à contre-battre les ouvrages du camp, et à rompre les palissades qui, toutes grosses qu'elles étaient, ne pouvaient résister à du canon de gros calibre; enfin, le siège ayant été entrepris dans ces entrefaites, la nécessité de concentrer tous ses moyens sur la place elle-même, n'a plus permis de songer qu'à couper la communication de la mer à la ville, par des opérations plus immédiatement liées aux attaques.

Ainsi s'expliquent les efforts que l'ennemi a pu faire pour secourir Dantzick par mer, et les retraites précipitées qu'il a faites du Neupharwasser et du Weichselmunde, après la reddition de la place.

FIN.

www.ingramcontent.com/pod-product-compliance
Lightning Source LLC
LaVergne TN
LVHW021739080426
835510LV00010B/1290